ESCHBACHER GESCHENKBÜCHER

für dich

Als du mich angelächelt hast
und deine Hand in meiner lag,
ist alles leicht geworden in mir.
Mir war, als habe meine Seele
Flügel bekommen;
leise schwebend enthob sie sich
aus den Abgründen
meiner Hoffnungslosigkeit,
um leise emporzusteigen
zum Licht.

Nie erahnte Kräfte erwachten in mir
und schenkten meinem Leben
neue Farbigkeit, als sei ich
von einem Regenbogen durchwebt.
Deine Liebe zu mir enthob mich
aller Tode dieser Welt
und lässt mich hoffen,
dass die große Liebe,
die das Weltall beseelt,
mich auch am Ende meiner Tage
aufhebt und trägt.

Christa Spilling-Nöker

Zärtlichkeit wagen

eine Wegbegleitung
mit
Fotografien
von
Johannes Rodi

Eschbach

Durch mich hindurch
leuchtet ein helles Licht.
Der Himmel hat sich
unendlich geweitet,
die Hoffnung hat sich
in mir ausgebreitet
und meine Träume
tragen dein Gesicht.

Von der Liebe träumen

Heute
singt die Amsel
wieder ihr Lied.
Die Rosen
blühen wieder rot
und der Morgenstern
ahnt leise,
welche Wege er
bei Anbruch des Tages
erhellen will.
Die Zukunft
träumt sich wieder
in zärtlichen Bildern,
denn ich spüre
dass mein Warten
nicht vergeblich war.

Mein erster Gedanke
beim Erwachen
bist du!
Was immer mir auch
Angst macht
vor dem kommenden Tag,
verliert seine Schrecken
durch die Gewissheit,
dass es dich gibt.

Du erhellst mein Leben
wie das Licht
eines neuen Morgens
und erfrischst
meine müde Mattigkeit
wie der Tau
auf Blättern und Blüten,
der dir den
anbrechenden Tag
verheißt.

Als du mich
in deine Arme
genommen,
mir die Tränen
abgewischt,
und mir behutsam
über das Haar
gestreichelt hast,
habe ich mich so
getröstet
und aufgehoben
gefühlt,
wie nie zuvor
in meinem Leben.
Seither weiß ich,
dass ich bei dir
zuhause bin.

Manchmal
wandern meine Träume
still und leise
hin zu dir,
weben zärtlich
ein Gespinst von
Sehnsucht.

Lass dir Zeit,
bevor du eine Entscheidung
für deine Zukunft triffst
und für meine.
Spüre in dir nach,
ob meine Liebe
dir gut tut,
ob sie dich belebt
und deine Seele
zu ihrer vollen Schönheit
aufblühen lässt.
Wenn du JA
zu mir sagst,
wünsche ich mir,
dass es von
ganzem Herzen kommt,
ungeteilt, für immer
und ewig.

Ich will in deinem Leben
Spuren hinterlassen
unauslöschlich:
meine Liebe
will dich wärmen,
meine Zartheit
deine scheue Seele
sacht berühren –
mein Vertrauen
will dich stärken,
bis du leise ahnen kannst,
wie gut es ist,
dass du bist.

Immer wieder nach Brücken suchen

Manchmal
brauche ich
Zeiten des Rückzugs,
Augenblicke der Stille,
Raum für mich selbst.
Lass mich dann allein sein,
aber verlass mich nicht.
Halte Wacht
an meiner Tür,
bis ich mich dir
wieder öffnen kann.

Komm,
lass uns heute
noch einmal
miteinander reden,
damit die Missverständnisse
zwischen uns
nicht länger das Sagen
über uns haben.

Es gibt so vieles,
was ich dir sagen möchte,
und doch fürchte ich mich davor,
auf dich zuzugehen.

Zu groß ist die Angst,
nicht die richtigen
Worte zu finden,
zu übermächtig die Unsicherheit,
die mich dir gegenüber
immer wieder hilflos
und sprachlos macht.

Vielleicht
nehme ich dich heute
einfach nur
in die Arme.

Ich möchte dir
wieder begegnen
nach allem,
was an Dunklem
zwischen uns
geschah.

Ich möchte dich
wieder berühren:
behutsam – aber nicht ängstlich,
klar – aber nicht verletzend,
liebevoll – aber nicht erdrückend.

Lass uns
wieder Zärtlichkeit wagen.

Die Gleichförmigkeit
des Alltags erdrückt,
macht müde, stumpft ab.
Lass uns innehalten
und uns dem Sog
des grauen Einerlei
widersetzen.
Lass uns heute so leben,
als hätten wir nur
diesen einen Tag.

Wir müssen nicht
jeden Schritt
zusammen tun,
nicht jeden Weg
gemeinsam gehen,
du hast dein
eigenes Lebensfeld
und ich das meine.
Vielleicht liegt aber gerade
darin das Geheimnis,
dass wir gespannt sind
aufeinander,
dass wir uns gegenseitig
immer wieder neu
bereichern
und uns begegnen können
in einer Welt
voll zärtlicher Lebendigkeit,
die niemandem als dir
und mir gehört.

Noch einmal
von vorn beginnen
können wir nicht.

Jeder von uns
hat seine eigene Geschichte
und auch all das,
was wir miteinander
erlebt haben,
hat seine Spuren
hinterlassen in uns.
Aber vielleicht
können wir darauf
Neues aufbauen.

Keine Grenze
ist unüberwindbar,
kein NEIN
muss ein NEIN bleiben
auf immer
und ewig.

Ich werde zu dir
hindurchwachsen
und dir
von meinen Wurzeln aus
in deinem Garten
blühen.

Wirklich Abschied nehmen

Abschied
nehmen können
von dem, was gestern
dein Leben mit Glück erfüllt
und mit Hoffnung
beseelt hat.

Die Trauer aushalten
über die Enttäuschungen,
die du erlitten
und die Chancen,
die du vertan hast.

Geduldig sein
mit dir selbst,
um Neues
wachsen zu lassen.

Vertan der Augenblick,
in dem du das Glück
hättest fassen können.
Versäumt die Gelegenheit,
in der du dein Leben
noch hättest füllen können.
Verloren die Zeit,
in der du hättest blühen können
– unwiederbringlich –
verloren.

Halte mich,
wenn sich meine Hoffnungen
zerstreuen
und meine Träume
verflüchtigen.

Halte mich,
wenn mich die Trauer
überschwemmt
und ich zu zerbrechen
drohe.

Halte mich,
bis ich wieder
Halt finde
in mir selbst.

Die Zeit mit dir
war schön.
Wie viele Jahre
haben wir zwei
Hand in Hand
durchschritten.

Nicht jeder Weg
war leicht,
nicht jeder Tag
nur sonnig;
so manche Nacht
voll Schmerz
und Schuld
und Einsamkeit
blieb uns
auf unserer Reise
nicht erspart.

Und doch brach
– wie ein Wunder manchmal –
immer wieder
ein neuer Morgen
für uns an,
der uns der Zukunft
getrost
entgegengehen ließ.

Die Zeit mit dir
– sie war mein Leben.

Leise
tanzte noch einmal
die Hoffnung
zwischen den Blättern,
spielte mit ihnen
im Windhauch
zarte Liebkosung
– sehnsuchtsvoll –,
um noch einen Hauch Liebe
zu erhaschen,
bevor der Winter
jeden Hoffnungsschimmer
erfriert.

Ohne dich
verliert sich meine Sehnsucht
im Wind.
Der Trost weiß nicht mehr,
wo er neue Nahrung findet.
Mein Lebensmut ist blass
und meine Lieder
sind leise geworden.
Ohne dich
fragt das Heute
vergeblich
nach einem Morgen.

Gibt es denn
kein Zurück?

Herbstblätter,
Tränenschwere,
dunkle Schatten,
Abschied wieder –
doch die Nähe,
die gelebte,
nicht verlieren,
andernortens
weitertragen,
und das Leuchten
deiner Seele,
das die Liebe
dir entzündet,
wirken lassen
warm und hell.

Du warst mir treu
in all den Jahren,
du hast die Stunden
meines Glücks
und meines Leids
mit mir geteilt.
In deiner Nähe konnte ich
die Masken fallen lassen,
in deinen Armen
durfte ich werden,
die ich bin.

zu sich selbst zurückfinden

Wer
wacht mit mir
in der Nacht,
in der mich
die Angst
zu verschlingen
droht?

Wer
betet mit mir
in der Stunde
letzter Verlassenheit,
wenn der Tod
sich schon über mich
beugt?

Wer
sagt mir,
wenn der letzte
Abschied naht,
dass mein Dasein
nicht
vergeblich war?

Erst
seitdem du
gegangen bist
weiß ich,
wie reich ich war,
als du da warst.

Es ist die Ruhe,
die mir gut tut,
wenn die Bilder der Erinnerung
wieder aufsteigen in mir.
Ich werde noch
eine Weile brauchen,
bis ich von innen her
wirklich loslassen kann,
um eines Tages
wieder ganz
bei mir selbst zu sein.

Wann kommt der Tag,
an dem ich gelassen und heiter
danken kann für das, was war,
und voll gespannter Erwartung
sein darf
auf das, was kommt?

Erwache
aus deinen verlorenen
Träumen
und deinen Sehnsüchten,
die niemals
in Erfüllung gehen.

Erwache
aus deinen Ängsten,
die dich innerlich
abschneiden von dem,
was wirklich lebendig ist.

Erwache
aus den Bildern,
die du dir
vom Leben gemacht hast,
und wage dich hinein
in das wirkliche Leben:
in Beziehungen,
die auf deine Fragen
eine Antwort schenken;
in Freundschaften,
in denen du Anspruch und
Widerspruch erfährst;
in Liebe,
die dich in der Tiefe berührt
und ungeahnte Kräfte
in dir lebendig werden lässt.

Ich träume
von einem Menschen,
der auf mich zugeht,
offen und frei;
der „Du“ sagt
und mich auch
wirklich meint.

Ich träume
von einem Menschen,
mit dem Vertrauen
aus Vertrautheit erwächst
und Nähe lächelnd
Knospen treibt.

Es atmet
eine neue Hoffnung in dir,
von der du gestern
noch nicht einmal
zu träumen gewagt hast.
Behüte sie
wie ein Kind,
damit sie wachsen
und reifen kann.
Eines Tages wirst du spüren,
dass eine wundersame Veränderung
in dir vor sich gegangen ist,
die dich dir selbst
neu begegnen lässt.

Neue
Hoffnung
wagen

Langsam
wird es wieder
hell in mir.
Die Träume tragen
hoffnungsfrohe Bilder,
das Morgenlicht
vertreibt die Schatten
dunkler Stunden
und lässt mich
der Zukunft wieder
vertrauensvoll
entgegengehn.

Ein neuer Tag
liegt vor dir,
ein neues Stück Leben
breitet sich
in dir aus.

Ergreife die
vielfältigen Möglichkeiten,
die dir entgegenkommen,
fülle die Stunden
mit deiner Lust,
entfalte deine Begabungen
und spiele mit deinen
Phantasien
und du wirst leuchten
und lieben
und leben.

Der Schnee schmilzt
inmitten frostklirrender Kälte.
Grüne Triebe sprießen
aus verfrorener Erde
einem eisigblauen Himmel
entgegen.
Knospen entfalten sich
unter rauhreifbeladenen Zweigen.
Unerwartet bricht
das Wunder auf.

Wer weiß,
was dir heute wieder entgegenkommt
– vielleicht erste Spuren
der Hoffnung.

Wer weiß,
was dir heute wieder im Wege steht
– vielleicht der Hinweis
auf eine neue Richtung.

Wer weiß,
was dir heute wieder blüht
– vielleicht ein Strauß
roter Rosen.

Christa Spilling-Nöker, geboren 1950 in Hamburg, ist Pfarrerin der badischen Landeskirche und zur Zeit Religionslehrerin in Karlsruhe tätig. Sie hat eine tiefenpsychologische Zusatzausbildung. Zahlreiche Veröffentlichungen.
Lieferbare Titel im Verlag am Eschbach:
Der Himmel ist in dir. Segensworte (Geschenkheft 108-0 / Geschenkbuch 262-1).
Jeder Augenblick zählt. Segensworte (Geschenkheft 157-9 / Geschenkbuch 263-X).
Komm, mein Engel, komm. Beflügelnde Worte für jeden Tag (Geschenkheft 222-2 / Geschenkbuch 253-2).
Leuchtende Nacht. Gedanken zur Weihnachtszeit (Geschenkheft 247-8).
Liebe das Leben. Ermutigungen (Geschenkheft 264-8 / Geschenkbuch 267-2).
Hoffnung hat heilende Kraft. Gute Wünsche zur Genesung (Geschenkheft 273-7 / Geschenkbuch 278-8).
Beflügelnde Worte (5 Eschbacher Geschenkhefte im Schuber, Best.-Nr. 228-1. Das Angebot enthält z.Zt. folgende Hefte: Der Himmel ist in dir / jeder Augenblick zählt / Komm, mein Engel, komm / Liebe das Leben / Hoffnung hat heilende Kraft).
Ich schenke dir ein gutes Wort. Ermutigungen und Segensworte (Geschenkbuch 243-5).

Johannes Rodi, geboren 1965 in Schwäbisch Gmünd, ist ausgebildeter Fotograf und nach einem Studium der Sozialarbeit in beiden Bereichen tätig.
Veröffentlichungen von Fotos in Büchern, Postkarten-Büchern und als Postkarten. Rodis Augenmerk gilt insbesondere der Naturfotografie. Für das vorliegende Geschenkbuch hat er sich intensiv mit dem Thema Rosen beschäftigt. Die ausgewählten Bilder zeigen die Vielfalt und Schönheit der „Königin der Blumen".
Licht und Motiv verschmelzen in Rodis Bildern zu einer Einheit und lassen die Betrachterin / den Betrachter an seinem Gespür für Ausdruckskraft und Atmosphäre teilhaben.

Bibliographische Informationen der Deutschen Bibliothek

Die Deutsche Bibliothek verzeichnet diese Publikation
in der Deutschen Nationalbibliographie; detaillierte bibliographische Daten sind im Internet über http://dnb.ddb.de abrufbar.

ISBN 3-88671-298-2

Im Alten Rathaus/Hauptstr. 37
D-79427 Eschbach/Markgräflerland

Gestaltung: Ulli Wunsch, Wehr.
Satz und Repro: mediagmbh, Ostfildern-Ruit.
Herstellung: Süddeutsche Verlagsgesellschaft Ulm.

Dieses Geschenkbuch ist – inhaltlich identisch – auch als Eschbacher Geschenkheft erschienen (ISBN 3-88671-290-7).